BEI GRIN MACHT SICH IHR
WISSEN BEZAHLT

- Wir veröffentlichen Ihre Hausarbeit,
  Bachelor- und Masterarbeit

- Ihr eigenes eBook und Buch -
  weltweit in allen wichtigen Shops

- Verdienen Sie an jedem Verkauf

Jetzt bei www.GRIN.com hochladen
und kostenlos publizieren

GRIN

Stefan Maschack

Literaturbericht zum Fachbuch "Lawrence Kohlberg, zur Einführung" von Detlef Garz

GRIN Verlag

Bibliografische Information der Deutschen Nationalbibliothek:

Die Deutsche Bibliothek verzeichnet diese Publikation in der Deutschen National-
bibliografie; detaillierte bibliografische Daten sind im Internet über http://dnb.d-
nb.de/ abrufbar.

Impressum:

Copyright © 2005 GRIN Verlag GmbH
Druck und Bindung: Books on Demand GmbH, Norderstedt Germany
ISBN: 978-3-640-86134-7

Dieses Buch bei GRIN:

http://www.grin.com/de/e-book/29627/literaturbericht-zum-fachbuch-lawrence-
kohlberg-zur-einfuehrung-von

HOCHSCHULE BREMEN
UNIVERSITY OF APPLIED SCIENCES

Hochschule Bremen
Fachbereich Sozialwesen
Studiengang Soziale Arbeit
Allgemeines Querschnittsangebot

Lehrveranstaltungsnummer: S 1/V
Ethische Aspekte und Professionalität

Literaturbericht
zum
Fachbuch:

Lawrence Kohlberg,
zur Einführung

von Detlef Garz

Stefan Maschack

4.Fachsemester

Nordholz, August 2004

Inhaltsverzeichnis

1 Einleitung

Der vorliegende Literaturbericht befasst sich mit einem Fachbuch über das Leben und Werk des amerikanischen Psychologen Lawrence Kohlberg. Ich habe dieses Buch als Grundlage für diese Ausarbeitung ausgewählt, weil mich einerseits der Theorieansatz von Lawrence Kohlberg über die Psychologie der Moralentwicklung interessiert, und ich andererseits die Übertragung dieses Ansatzes in die Philosophie der Erziehung spannend finde.

1.1. Bibliographische Daten

Das Buch, das diesem Literaturbericht zugrunde liegt, heißt: Lawrence Kohlberg zur Einführung, und ist in der 1. Auflage im Jahre 1996 erschienen. Es ist im Junius-Verlag in Hamburg erschienen und von Dr. Detlef Garz geschrieben worden.

1.2 Angaben zu dem Autor

Detlef Garz ist am 1.Mai1949 geboren, und hat nach einer dreijährigen Berufstätigkeit als kaufmännischer Angestellter zunächst von 1970 bis 1973 das Fach Wirtschaftswissenschaften an der Fachhochschule Mainz mit dem Abschluss Betriebswirt studiert. Daran schloss sich von 1973 bis 1978 ein Studium der Fächer Pädagogik, Soziologie, Psychologie und Philosophie mit dem Abschluss als Diplom-Pädagoge an. Von 1978 bis 1982 studierte Detlef Garz mit dem Ziel der Promotion an der Universität Hamburg. Nach seiner Promotion im Jahre 1982, hat er als wissenschaftlicher Mitarbeiter an verschiedenen Hochschulen in Deutschland und der Schweiz gewirkt. Von 1984 – 1985 arbeitete der Autor als Stipendiat der deutschen Forschungsgemeinschaft als *Research Associate* am *Center for human development and education* der Harvard Universität bei Lawrence Kohlberg in den USA. 1988 habilitierte Garz, und seit 1990 hat er eine Professur für das Fachgebiet der allgemeinen Erziehungswissenschaft an der Carl-von-Ossietzky – Universität in Oldenburg inne.

Im Rahmen seiner wissenschaftlichen Veröffentlichungen hat der Autor sich bis jetzt mit der Strukturgenese und der Moral, Sozialpsychologischen Entwicklungstheorien, Betrachtungen über die Theorie der Moral und der Praxis sowie der Kindheit und Moral beschäftigt.

1.3 Intention des Autors

Mit seiner Einführung zum Leben und Wirken von Lawrence Kohlberg geht es Detlef Garz darum, die zentralen Aussagen in dem Werk von Kohlberg zu verdeutlichen um so dabei zu helfen *Fehlmeinungen zu korrigieren, beziehungsweise eine adäquate Einschätzung allererst zu ermöglichen*(Garz 1996, S.9). Dabei weist der Autor in der Einleitung auf eine besondere Problematik innerhalb der Arbeiten Kohlbergs hin, deren Klärung ihm ebenso wichtig erscheint. Diese Problematik ist nach Auffassung von Garz in der Bedeutung zu sehen, die Kohlberg mit dem Begriff der Moral verbindet. Moral wird von Kohlberg nicht im Zusammenhang mit der Beantwortung von Fragen „des guten Lebens", oder der Fürsorge gesehen, sondern die Moral ist für Kohlberg ein Synonym für Gerechtigkeit, also der *Wechselseitigkeit von Rechten und Pflichten*(Garz 1996, S.10).

1.4. Der Aufbau des Literaturberichtes

Ich habe diesen Literaturbericht folgendermaßen aufgebaut. Neben den im ersten Kapitel zusammengefassten bibliographischen Daten zum besprochenen Buch und den biografischen Daten zum Autor und seiner Intention, werde ich mich im Verlauf des zweiten Kapitels um eine grobe inhaltliche Übersicht und eine detaillierte Wiedergabe der einzelnen Kapitel des Buches bemühen. Das geschieht in Anlehnung an das vorgegebene Inhaltsverzeichnis dieses Einführungsbandes. Im dritten Teil dieses Literaturberichtes werde ich eine eigene Stellungnahme formulieren, in der ich das Buch kritisch würdige.

2. Übersicht über den Aufbau des Buches und Darstellung des Inhaltes der einzelnen Kapitel

Das Einführungsbuch zu Lawrence Kohlberg besteht aus den folgenden Elementen:

- Einer Einleitung, welche die Seiten 7 bis 9 umfasst und in der Detlef Garz seine Zielsetzung, die er mit dem Schreiben und der Veröffentlichung des Buches verfolgt. Diese Zielsetzung habe ich versucht unter Punkt 1.3 wiederzugeben.

- Dem ersten Kapitel, das die Seiten 11 bis 24 umfasst, und in dem die Biographie von Lawrence Kohlberg dargestellt und der Zusammenhang zwischen seiner persönlichen Entwicklung und seinem Werk herausgearbeitet wird.

- Dem zweiten Kapitel, das die Seiten 25 bis 41 umfasst, und in dem die wissenschafts- und erkenntnistheoretischen Vorraussetzungen für die Arbeiten von Lawrence Kohlberg und seinen Mitarbeitern dargelegt und erläutert werden. Dazu gehört eine historische Einordnung der Werke Kohlbergs, eine Betrachtung über den Gegenstand der Untersuchung, das Vorstellen des Konzeptes einer „rettenden Zirkularität" und die Nennung der Kompetenzen als Ausgangspunkt der Theoriebildung.

- Dem dritten Kapitel, das die Seiten 53 bis 108 umfasst, und das sich mit der Psychologie der moralischen Stufen beschäftigt. Dabei werden die Stufen der Entwicklung genannt und erläutert und der Übergang vom konventionellen zum postkonventionellen moralischen Denken dargestellt. Daran anschließend wird die Ermittlung moralischer Urteile behandelt und die Problembereiche Universalität- Urteilen und Handeln – geschlechtsbezogene Moral angesprochen.

- Dem vierten Kapitel, das sich über die Seiten 109 bis 144 erstreckt und sich mit der Philosophie der Erziehung beschäftigt. Innerhalb dieses Abschnittes werden Erziehungsziele, ihre theoretische Begründung und ihre gesellschaftliche Verwobenheit behandelt. Daran schließt sich ein Abschnitt über die Förderung der moralischen Entwicklung an.

- Dem Anhang, der auf den Seiten 145 bis 173 Anmerkungen, Literaturhinweise, eine Zeittafel und biographische Informationen über den Autor enthält.

2.1 Zusammenfassung des ersten Kapitels: Zur Biographie

In dem ersten Kapitel des Buches über Lawrence Kohlberg nennt Detlef Garz die wichtigen biographischen Daten des Psychologen und zeigt die verschiedenen Einflüsse auf, die sich in den Arbeiten von Kohlberg wiederspiegeln. Zum besseren Verständnis der Theorien von Lawrence Kohlberg erscheint es mir sinnvoll die biographische und persönliche Entwicklung von Kohlberg hier kurz wiederzugeben.

Lawrence Kohlberg wurde am 25.10 1927 im Westchester County im Südwesten des Bundesstaates New York als Sohn eines jüdischen Vaters und einer protestantischen Mutter geboren. Er war das jüngste von fünf Kindern in dieser Familie. Der Vater Alfred Kohlberg war durch den Handel mit Seide und Taschentüchern aus China vermögend geworden, so das Lawrence und seine Geschwister in sehr wohlhabenden Verhältnissen aufwuchsen. Alfred Kohlberg war von seiner politischen Einstellung her, ein erbitterter Gegner des Kommunismus und dementsprechend dem Konservatismus zugetan. Sein Engagement gegen jegliche kommunistische Politik oder Auffassung ging über das Verfassen einschlägiger Leserbriefe, ausgedehnter publizistischer Tätigkeit und er engen Zusammenarbeit mit dem republikanischen Senator Joe McCarthy bis hin zur Gründung der *Jewisch League Against Cummunism* im Jahr 1948.
Die Ehe der Eltern wurde 1932 geschieden und Lawrence Kohlberg lebte ab 1941 bei seinem Vater. Er wuchs in einer liberalen jüdischen Umgebung auf, die als Gegenpol zur extremen konservativen Geisteshaltung des Vaters zu sehen ist. Während seiner Schulzeit in dem Internat der Phillips Academy in Andavor fiel der junge Kohlberg einerseits durch hervorragende schulische Leistungen, andererseits durch eine gewisse Renitenz auf. Im Rahmen seiner Studien befasste er sich mit moralischen und religiösen Themen und las unter anderem Werke von Dostojewski, Emerson, Whitman oder Sandburg. Garz zitiert Kohlberg mit folgenden Worten: „*Wenn ich mich recht erinnere, war ich (...) in meiner Adoleszenz ein platonischer Realist. Ich glaubte an die Wirklichkeit der Ideen, der großen Begriffe, und ich glaubte, daß das Leben determiniert wird von dem Wahren, Guten und Schönen, das man selbst vertritt*" (Garz 1996, S. 139), wenn er ihn während seiner Jugendphase beschreiben will.

Nach dem Abschluss des Colleges trat Kohlberg 1945 in die Handelsmarine ein und kam so auch nach Europa, wo er deutlich die Auswirkungen des Holocaust und der Zerstörungen des Kontinents erfahren hat. Aufgrund dieser Eindrücke gab er seine Tätigkeit auf und heuerte auf einem Schiff an, das in Zusammenarbeit mit der Haganah, jüdische Emigranten aus Osteuropa nach Palästina schmuggelte. Bei einer dieser Aktion wurde das Schiff aufgebracht und die gesamte Besatzung, also auch Kohlberg von den Briten inhaftiert. Während des relativ langen Gefängnisaufenthaltes reifte in ihm der Entschluss, weiter zur Schule zu gehen und er entschied sich für das Studium der Psychologie, das er im Jahre 1948 an der Universität von Chicago aufnahm. Hier beeindruckte er seine Lehrer durch zwei bemerkenswerte Leistungen. Zum einen absolvierte er das auf 4 Jahre ausgelegte Studium innerhalb eines Jahres und zum anderen benötigte er für seine anschließende Promotion mehr als neun Jahre. Während seiner Studentenzeit an der Universität geriet Kohlberg unter den Einfluss von zwei starken, aber auch sehr unterschiedlichen philosophischen beziehungsweise wissenschaftlichen Strömungen. Das war auf der einen Seiten das Programm der *Great Books* und auf der anderen Seite die Philosophie von John Dewey. Beide Einflüsse hebt Detlef Garz besonders hervor, und deshalb halte ich es an dieser Stelle für wichtig, hierauf vertiefend einzugehen:

Das Programm der *Great Books* geht auf den Pädagogen Robert Maynard Hutchins zurück, der als Präsident und Kanzler der Universität Chicago dieses Konzept in den dreißiger Jahren des zwanzigsten Jahrhunderts umgesetzt hat. Grundidee des Programms ist die Annahme, das *durch die Lektüre der 100 großen Bücher der Weltgeschichte, angefangen im 8. Jahrhundert vor unserer Zeitrechnung mit der Odyssee über die Werke Shakespeares und Hobbes' Leviathan bis hin zu Mark Twain und Freud, eine umfassende, eben humanistische Bildung zu erwerben* (Garz 1996, S. 15).

Dieses Programm, hat nach Meinung von Detlef Garz scheinbar auf Kohlberg großen Eindruck gemacht, was daran deutlich wird, dass das erste Kapitel zur Biographie folgendes Kohlberg-Zitat als Untertitel hat: *The unexamined life is not worth living* (etwa: das ungeprüfte Leben ist nicht lebenswert). Kohlbergs Denken ist vor allem durch die Lektüre der Schriften von Sokrates und Aristoteles, aus diesem Bildungskanon geprägt und verändert worden. Der zweite große Einfluss, der in Chicago auf Kohlberg ausgeübt wurde, ging von John Dewey aus, der zwar aufgrund seiner progressiven Ideen, nicht in den Kanon mitaufgenommen war, die aber von Kohlberg als seine eigene Philosophie angenommen wurden. Kohlberg sagt dazu selber: *Als Absolvent des „Hutchins undergraduate College" hatte er (Kohlberg) gelernt, daß die Wahrheit in der jeweiligen Basis-Philosophie ruht, und wählte als seine Philosophie diejenige John Deweys, die den weiten Horizont Platos, Aristoteles' oder Kants mit*

der einzigartigen Vernunft vermittelte , die in einer naturalistischen Psychologie enthalten ist,
sowie eine Sichtweise des Verhältnisses von Wissenschaft zur Praxis, die auf einem bewußten
sozialen Liberalismus beruhte (Garz 1996, S. 15).
Im weiteren Verlauf seines Studiums hatte Lawrence Kohlberg dann noch Gelegenheit bei
Jakob Gerwirtz, Bruno Bettelheim und Carl Rogers zu studieren. Hinzu kamen noch Robert
Havinghurst, Charles Morris und Anselm Strauss. Im Rahmen seiner Dissertation ist er ver-
stärkt auf die Arbeiten von George Herbert Meade und Jean Piaget aufmerksam geworden
und hat sich der Entwicklungspsychologie zugewendet.

Nach verschiedenen beruflichen Stationen als Dozent war Kohlberg von 1968 bis 1987 als
Professor für Erziehungswissenschaft und Sozialpsychologie an der Harvard Universität in
Massachusetts tätig. Diese Tätigkeit ist als sein beruflicher Schwerpunkt anzusehen.

Detlef Garz weist zum Endes seines ersten Kapitels in Anlehnung an die Arbeiten von Robert
Bellah noch auf die Traditionslinien innerhalb der USA hin, die helfen sollen, das Leben und
Werk von Lawrence Kohlberg in den Zusammenhang des US-amerikanischen kulturellen und
gesellschaftlichen Denkens des 20. Jahrhunderts einzuordnen. Diese Traditionslinien sind im
einzelnen:
1. die individualistische Tradition, unterteilt in den utilitaristischen und den expressiven Weg
   amerikanischen Denkens. Während der utilitaristische Weg das *Eigeninteresse der Men-*
   schen vor allem auf ökonomischen Gebiet, d.h. die Maximierung des individuellen Fort-
   kommens und Wohlstands, die nur durch einen übergreifenden Sozialvertrag ansatzweise
   begrenzt wird, betont (Garz 1996, S. 19) ist der expressive Individualismus quasi als Ge-
   genbewegung dazu zu sehen. Hier steht zwar auch das Individuum im Fokus des Interes-
   ses, aber das Ziel ist nach Garz nur darin zu sehen, die personale Einzigartigkeit zu entfal-
   ten (vgl. Garz 1996, S. 19)
2. die Idee der Orientierung am Gemeinsinn, die sich an dem puritanistischen Gedanken der
   Nächstenliebe anlehnt und
3. die republikanische Tradition, die zurückgehend auf Thomas Jefferson für die USA das
   Ideal einer sich selbst regierenden Gesellschaft relativ Gleicher mit Partizipationschan-
   cen für alle entwarf (Garz 1996, S. 19).

Mindestens zwei dieser Traditionslinien haben einen großen Einfluss auf die Entwicklung von Lawrence Kohlberg ausgeübt. Die eine Linie ist das utilitaristische Prinzip, das ihm von seinem Vater vorgelebt wurde. Sein Vater war ein sogenannter Selfmademan, der sich aus kleinen Verhältnissen kommend, emporgearbeitet hatte und ein Vermögen gemacht hatte. Andererseits nahm er seine gesellschaftliche Verantwortung sehr ernst, was seine rege Beteiligung am Gemeinwesen belegt. So versuchte er beispielsweise 1941 im Alter von 54 Jahren sich zur US-Armee zu melden, um am Krieg teilzunehmen.

Lawrence Kohlberg hat sich, so Detlef Garz, dieser Geisteshaltung, auch bedingt durch die Trennung seiner Eltern entziehen können, und sich mehr zu den Ideen des expressiven Individualismus hingezogen gefühlt. Das belegt Detlef Garz mit einem Zitat von Jürgen Habermaas über seine Freundschaft zu Lawrence Kohlberg auf Seite 20 seines Buches. Die zweite Linie, die Kohlberg in seinem Denken maßgeblich beeinflusst hat, ist die republikanische Idee. Einerseits konnte sie tatsächlich innerhalb der jüdischen Gemeinde, in der er aufwuchs erleben, andererseits ließen ihn seine Eindrücke von den Folgen des Faschismus in Europa zum überzeugten Republikaner werden.

Bezüglich des wissenschaftlichen Selbstverständnisses führt Garz an, dass Kohlberg, der in vielen Belangen eher zurückhaltend war, in Sachfragen sehr bestimmt sein konnte, wie eine große Anzahl von wissenschaftlichen Debatten und Diskussionen belegen, dem Modell von „Behauptungen und Widerlegungen" von Karl Popper (vgl. Garz 1996, S. 22) zugetan war.

Im Rahmen seiner wissenschaftlichen Tätigkeit hat Kohlberg auch Feldforschungen im Ausland, wie Taiwan, Britisch-Honduras oder Israel durchgeführt. Auf einer dieser Reisen hat er sich mit einem Parasiten (Giardia Lamblia) infiziert und als dieser diagnostiziert wurde, war eine Heilung nicht mehr möglich. Angesichts der Tatsache unheilbar erkrankt zu sein und überzeugt davon, dass ein eigenständiges Leben nicht mehr möglich war, hat Lawrence Kohlberg am 17. Januar 1987 Selbstmord verübt.

2.2 Zusammenfassung des zweiten Kapitels: Die Wissenschafts- und erkenntnistheoretischen Voraussetzungen

In diesem Kapitel nimmt Detlef Garz zunächst eine historische Einordnung der Arbeit von Kohlberg vor. Er stellt dar, dass Kohlberg sich selbst, als *kognitiv orientierter Entwicklungspsychologe in zwei akademische Traditionslinien einordnet* (Garz 1996, S. 25). Diese Linien sind der Chicagoer Funktionalismus und der Entwicklungsgedanke von Charles Darwin. Zur Erläuterung wird angeführt, dass die Entstehung der funktionalistischen Psychologie sich an dem Streit zwischen Edward Bradford Titchener und James Mark Baldwin verdeutlichen lässt. Innerhalb dieses Streits ging es um die unterschiedliche Beurteilung von Versuchspersonen. Während Titchener sich streng an die Vorgaben von Wilhelm Wundt hielt, und nur solche Versuchspersonen auswählte, die vergleichbar lange Reaktionszeiten hatten, ging Baldwin davon aus, dass jede Person als Versuchsperson geeignet sei und die unterschiedlichen Reaktionszeiten eben als Ausdruck der Individualität zu sehen seien. Kohlberg fühlte sich dem Funktionalismus hingezogen und das wird mit folgendem Zitat belegt: *So gesehen ist die Behauptung sicher nicht unzutreffend, daß es das anwendungsbezogene Moment war, das Kohlberg für den Funktionalismus einnahm, daß auch für ihn zutrifft, was über James Mark Baldwin gesagt wurde. > Seine Absicht ist nicht mehr auf die Natur der Psyche überhaupt gerichtet, vielmehr möchte Verfahren entwickeln, die etwa für die Schule und die Diagnostik von psychischen Leiden wertvoll sind<* (Garz 1996, S. 27).

Der Entwicklungsgedanke, der auf die Arbeiten von Charles Darwin zurückgeht, und in der Zeit des *Golden Age of American Philosophy* (Garz 1996, S.25) weiterentwickelt wurde und von Jean Piaget in Zusammenhang mit seinen Untersuchungen zur Stufenentwicklung der Kognition seine systematische Ausprägung fand, ist insoweit prägend für die Arbeiten von Kohlberg, als er sein Konzept eines naturalistischen Theorieaufbaus in Anlehnung an diese Stufen wie folgt formuliert: *Moralische Theorien stellen Ableitungen aus den natürlichen Strukturen dar, die wir als `Stufen` bezeichnen. Die Strukturen sind nicht in dem Sinne` natürlich`, daß sie angeboren (innate) sind, sondern in dem Sinne, daß sie die sequentiellen Resultate der Verarbeitung (processing) moralischer Erfahrung sind; diese Verarbeitung ist weder abhängig noch abgeleitet von besonderen Unterweisungen oder besonderen moralischen Vorstellungen oder Theorien* (Garz 1996, S. 28).

Im weiteren Verlauf dieses Kapitels wird der Gegenstand der Untersuchungen von Kohlberg näher beschrieben und erläutert.

Kohlberg hat in einem umfangreichen Aufsatz dargelegt, welche drei „Aussagen" ein sowohl kognitiv-entwicklungsbezogener, als auch interaktionistischer Ansatz treffen muss. Es sind dies:

- Aussagen über die universellen strukturellen Merkmale der Umwelt,
- Aussagen über die Ordnung, die den Konzepten zugrunde liegt und
- Aussagen über das Verhältnis der konkreten Erfahrungen des Kindes zu seiner generellen Handlungsstruktur.

Um nun die Entwicklung von Moral zu untersuchen, ist es notwendig die generellen Merkmale der Entwicklung zu benennen. Kohlberg nennt dementsprechend die folgenden Merkmale, die von Garz erläutert werden:

1. Universelle Strukturen der sozialen Umwelt, wie Familie, Wirtschaft, soziale Schichtung, Recht und Regierung sind für die moralische Entwicklung grundlegend.

2. Der Begriff der Gerechtigkeit, die von Kohlberg als Interaktion von Individuum und sozialer Umwelt unter dem Aspekt der Wechselseitigkeit von Rechten und Pflichten verstanden wird.

3. Das Prinzip der moralischen Ausdifferenzierung, das aufbauend auf der Möglichkeit sich als Individuum in andere hineinversetzen zu können, als Grundlage für die moralische Entwicklung angenommen wird. Kohlberg formuliert darauf aufbauend die These, *daß die Stufenentwicklung von der Gelegenheit zur Teilhabe am sich ausdifferenzierenden sozialen Geschehen abhängt, >dass die moralische Entwicklung desto schneller verläuft, je mehr soziale Stimulation stattfindet<* (Garz 1996, S. 32).

Zur Einordnung der wissenschaftlichen Arbeit von Kohlberg verweist Garz auf das Konzept einer *rettenden Zirkularität*, das kennzeichnend für das Schaffen von Kohlberg war. Er wollte einerseits eine philosophische Theorie der universellen Gerechtigkeit formulieren, andererseits war er der akademischen Psychologie verpflichtet, *die alles Bestehende nur dann gelten lässt, wenn und insoweit es sich nach wissenschaftlichen Standards bewährt hat* (Garz 1996, S. 34). Um diesem Anspruch gerecht zu werden, hat Kohlberg seine Forschungsergebnisse fortlaufend verbessert und nachgebessert.

Detlef Garz weist zum Ende des zweiten Kapitels auf die Kompetenzen als Ausgangspunkt der Theoriebildung von Lawrence Kohlberg hin, und verweist darauf, das die Problematik der Trennung zwischen Kompetenz und Performanz an drei wichtigen Punkten in dem Theoriegebäude von Kohlberg seinen Niederschlag findet.

9

2.3 Zusammenfassung des dritten Kapitels: Die Psychologie der moralischen Stufen

Detlef Garz erläutert in diesem Kapitel die Theorie der Psychologie der moralischen Stufen, wie sie von Lawrence Kohlberg und seinen Mitarbeitern entwickelt und formuliert worden ist. Dazu nennt er zunächst in einer Übersicht die verschiedenen Stufen der Entwicklung, weist auf die Besonderheit des Überganges vom konventionellen zum postkonventionellen moralischen Denken hin und befasst sich mit der Ermittlung moralischer Urteile. Zum Abschluss des Kapitels wendet er sich den Problembereichen der Universalität, Urteilen und Handeln und der geschlechtsbezogenen Moral zu.

Das Hauptschwerpunkt in der Arbeit von Lawrence Kohlberg lag in den Stufenkonzept der Entwicklung des moralischen Urteils. Er begann die Arbeit zu diesem Thema schon im Zuge seiner Dissertation im Jahre 1955, in der versuchte Piagets These, das das moralische Urteilsvermögen eines Kindes sich im Alter von etwa 12 oder 13 Jahren vom heteronomem zum autonomen Denken ausgebildet hat und damit abgeschlossen ist. Um diese Hypothese zu verifizieren begann Kohlberg 1955/56 mit einer Längsschnittuntersuchung, in der er zunächst 72 Jungen aus der Nähe von Chicago befragte. Aus Gründen der besseren Vergleichbarkeit, wurden im weiteren Verlauf der Studie zweimal 12 delinquente Jugendliche in die Untersuchungsgruppe aufgenommen. Im Abstand von etwa 4 Jahren wurden die Jugendlichen erneut bezüglich moralischer Dilemmata befragt. Die Idee für diese Form der Interviews entlehnte Kohlberg aus der philosophischen beziehungsweise psychologischen Literatur. Garz stellt die verschiedenen Stufen der moralischen Entwicklung unter Verwendung eines Schaubildes dar, das ich hier wiedergeben möchte:

Präkonventionelle Ebene	Stufe 1: Stufe 2:	An Strafe und Gehorsam orientiert An instrumentellen Zwecken und am Austausch orientiert
Konventionelle Ebene	Stufe 3: Stufe 4:	An interpersonellen Erwartungen, Beziehungen und an Konformität orientiert An der Erhaltung des sozialen Systems orientiert
Postkonventionelle Ebene	Stufe 5: Stufe 6:	Am Sozialvertrag orientiert An universellen ethischen Prinzipien orientiert

Nach der graphischen Darstellung erläutert Garz die verschieden Stufen und nennt die litararischen Vorgaben, die Kohlberg für die Erstellung der Dilemmata verwendet. Demnach ist folgende Klassifizierung deutlich:

- Stufe 1 beschreibt die unmittelbar an Strafe und Gehorsam orientierte Einstellung einer Person, das moralische Anforderungen nach dem Wortlaut und nicht nach dem Sinn versteht. Als Metapher bietet sich hier an: *Die Macht bestimmt, was Recht ist* oder *Gut ist, was mir nützt*. Als literarische Vorgabe nennt Garz den Wachtmann in *Antigone*.

- Stufe 2 ist instrumentell zweckorientiert und strikt austauschorientiert. Vom egozentrischen denken und Handeln wird nur abgewichen, wenn es weitere Vorteile bringt. *Wie du mir, so ich dir* bietet sich hier als Metapher an. Die literarische Vorlage ist hier der Jago in *Othello*

- Stufe 3 ist die erste Stufe der konventionellen Ebene und ist gekennzeichnet durch die Idee der wechselseitigen zwischenmenschlichen Erwartungen und Beziehungen. Auf dieser Stufe wird bewusst auf Menschen eingegangen und das Urteilen und Handeln ist orientiert an dem Bild, das sich andere von einem machen. Bildhaft gesprochen geht es darum ein guter Mensch (Good Guy) zu sein. Ismene aus *Antigone* wird hier von Garz als Vorbild aus der Literatur genannt.

- Stufe 4 fokussiert das moralische Urteilen und Handeln in Relation zum umgebenden sozialen System. Das Befolgen von Gesetzen und Regeln und ein bewusstes Verhältnis zur sozialen Ordnung bilden die Hauptmotivation für die Orientierung. Staatliche aber auch religiöse Institutionen gelten als Richtschnur für moralisches Handeln. Die bildhafte Umsetzung dieser Stufe wird von Garz mit dem Begriff der Gesetzestreue vorgenommen. Der Kreos aus *Antigone* wird hier als philosophisches Vorbild genannt. Garz bringt als Ergänzung dazu, ein Zitat des Instetten aus *Effi Briest: Also noch einmal, nichts von Haß oder dergleichen, und um des Glückes willen, das mir genommen wurde, mag ich nicht Blut an den Händen haben; aber jenes, wenn sie wollen, uns tyrannisierende Gesellschafts-Etwas, das fragt nicht nach Liebe und nicht nach Verjährung. Ich habe keine Wahl. Ich muss.(S.267 f.)* (Garz 1996, S. 60).

- Stufe 5 ist die erste Stufe der postkonventionellen Ebene, und sie ist charakterisiert durch den Sozialvertrag. Es geht auf dieser Stufe darum, *eine gesellschaftlich reflektierte , ihren konkreten Anforderungen jedoch in aller Regel vorausliegende Perspektive des gesetz-*

11

schaffenden und gesetzgebenden Subjekt zu dokumentieren. Der Gruppen- oder Staatsbezogene Standpunkt der Binnenmoral wird durch den Gedanken der Freiheitsrechte aller Menschen und durch die Forderung der Begründung des Rechts durch freie Verträge überschritten (Garz 1996, S.60). Sokrates in der *Apologie* wird hier als literarische Vorlage angeführt.

- Stufe 6 ist gekennzeichnet durch die Orientierung an universellen moralischen Prinzipien, wie sie zum Beispiel in dem kategorischen Imperativ von Immanuel Kant formuliert wurden. Kohlberg hat als Hilfe zur Hinführung auf diese Stufe ein gedankenexperimentelles Verfahren benutzt, das er als *Ideale Rollenübernahme* bezeichnet.

Detlef Garz stellt am Ende dieser Darstellung der moralischen Stufenentwicklung fest, dass es Kohlberg im Rahmen seiner Längsschnittuntersuchung gelungen ist, nachzuweisen, dass die befragten Personen sich entsprechend dieses Stufenmodells entwickeln und das diese Entwicklung ohne Regression auf bereits überwundene Stufen stattfindet. Dabei betont er ausdrücklich, das diese Entwicklung nicht auf die nordamerikanische oder europäische Gesellschaft beschränkt ist, sondern sich auch in anderen „unterentwickelten" Regionen der Welt eine solche Logik der moralischen Entwicklung zeigt.

Beim Übergang vom konventionellen zum postkonventionellen moralischen Denken, also von der Stufe 4 zur Stufe 5 sind nach Garz Schwierigkeiten festzustellen, auf die er gesondert eingeht. Er weist in diesem Zusammenhang auf zwei Sachverhalte hin:

1. Die Entwicklungspsychologie hat sich bis zum Ende der sechziger Jahre nur auf die Betrachtung der Entwicklung von Kindern und Jugendlichen beschränkt. So ist auch Kohlberg vom Ende der Entwicklung des moralischen Denkens mit etwa 16 Jahren ausgegangen. Seine Studien haben diese Annahme widerlegt.

2. Das Erreichen einer autonomen Moral war auch nicht nur vom Erreichen eines bestimmten Alters abhängig, vielmehr benötigt das Erlangen einer postkonventionellen Moral eine Entsprechung in der Gesellschaft, die keinesfalls als selbstverständlich angenommen werden kann. *Moralisch postkonventionell handelnde sind einsam in einer Welt, die sich diesen Werten nicht öffnet beziehungsweise keine >entgegenkommenden Lebenswelten< (Habermas) offeriert* (Garz 1996, S. 66)

12

Kohlberg hat in seinen Untersuchungen festgestellt, dass einige der Befragten, die schon die Stufe 4 oder sogar 5 erreicht hatten, in späteren Interviews im Sinne der Stufe 2 argumentierten. Als Ursache für diesen vermeintlichen Rückschritt wurde gesellschaftlich generierte Probleme ausgemacht. Folgendes Zitat von Kohlberg belegt diesen Sachverhalt: *der Jugendliche ist, wie wir alle, einer zunehmenden Bewußtwerdung der physischen und sozialen Probleme unterworfen und der offensichtlichen Vergrößerung der Probleme an Stelle ihres Abbaus durch Änderungen technologischer oder sozial-technologischer Art* (Garz 1996, S. 69). Im Zuge der weiteren Befragungen ließ aber feststellen, dass ein *Sich-Einrichten* auf Stufe 2 für die Betroffenen keine realistische Option war, und sie gingen wieder mindestens zur Stufe 4 weiter. Es konnte also von Kohlberg und seinen Mitarbeitern gezeigt werden, dass bei den Testpersonen keine tatsächliche Regression, sondern nur eine kurzfristige Unsicherheit bezüglich des eigenen moralischen Urteils vorlag.

Um zu seinen Untersuchungsergebnissen zu kommen, hat Kohlberg drei verschiedene Einheiten unterschieden. Es sind dies:

1. Das hypothetische Dilemma, in dem sich mindestens zwei moralische Werte gegenüber, die sich gegenseitig ausschließen. Somit ist der Befragte gezwungen sich für eine Alternative zu entscheiden. Das wohl bekannteste Dilemma ist wohl das „Heinz-Dilemma", das Garz fast komplett wiedergibt (vgl. Garz 1996, S. 78).

2. Das strukturale Interview, das aus drei parallelen Varianten besteht. In jeder Variante gibt es drei hypothetische Dilemmata und jedem Dilemma folgen bis zu 12 standardisierte Fragen. Für die das strukturale Interview haben Kohlberg und seine Mitarbeiter vier Postulate formuliert. Es sind dies: das Postulat der Klarheit, der Aufrichtigkeit, der Präskriptivität und der maximalen Kompetenzausschöpfung.

3. Die (semi-hermeneutische) Auswertung des Interviews, die über den Vergleich der gegeben Antworten mit „Musterantworten" aus einer anderen Längsschnittuntersuchung, stattfindet.

Zum Abschluss des dritten Kapitels weist Garz noch auf drei Problembereiche der Studien von Kohlberg hin. Es sind dies das Problem der Universalität, das Problem von Urteil und Handlung und das Problem der geschlechtsbezogenen Moral.

Das Problem der Universalität umschreibt die Fragestellung, ob es eine kulturübergreifende Stufenartige Entwicklung der Moral gibt. Um diese frage zu beantworten wurden Längsschnittstudien neben den in den USA auch in der Türkei und in Kibuzzen in Israel durchgeführt. Die Studien haben ge zeigt, das die unterstellte Universalität zutreffend ist.

Das Problem des Urteilens und des Handelns geht der Frage nach, ob Personen, die auf einer bestimmten Stufe ihr moralisches Urteil fällen auch dementsprechend Handeln würden. Anhand seiner Untersuc hungsergebnisse hat Kohlberg folgende Thesen formuliert:

1. Personen auf einer höhere Stufe führen mit größerer Wahrscheinlichkeit eine moralische Handlung durch,

2. Personen auf einer höheren Stufe beurteilen die moralische Handlung als richtig,

3. Personen auf einer höheren Stufe fällen eher ein Verantwortlichkeitsurteil,

4. die Gründe warum eine moralische Handlung nicht ausgeführt wird, können rationalisierte Begründungen im Sinne der Psychoanalyse annehmen und

5. mit wachsender Stufenentwicklung wird die Konsistenz zwischen moralischem Urteil und moralischem Handeln größer (vgl. Garz 1996, S. 102).

Das Problem der geschlechtsbezogenen Moral ist nach Detlef Garz von Carol Gilligan in zwei Kritikpunkten formuliert worden. Einerseits schneiden demnach Frauen schlechter ab als Männer (durchschnittlich Stufe 3 im Gegensatz zu Stufe 4 bei den Männern) und andererseits umfasst das Konzept von Kohlberg nur die Fragen der Gerechtigkeit, während andere Fragen wie beispielsweise nach Anteilnahme und Fürsorge unberücksichtigt bleiben. Gerade aber diese Form der Moral ist vielleicht typischer für Frauen. Um das zu belegen wurden offene Interviews zur Abtreibungsproblematik mit drei verschiedenen Ebenen durchgeführt. Diese Ebenen sind:

- die Ebene der Orientierung am individuellen Überleben,

- die Ebene der Orientierung an Konventionen und

- die Ebene der Orientierung an der Gewaltlosigkeit.

Kohlberg hat diese Kritik aufgenommen und festgestellt, dass sich sowohl eine Moral der Gerechtigkeit, als auch eine Moral der Fürsorge voneinander unterscheiden läßt. Er hat aber dazu bemerkt, dass es wichtig sei, darüber zu diskutieren, was die Moral der Fürsorge ausmacht und was sie von dem Alltagsverständnis der Fürsorge unterscheidet. Nicht geklärt ist die Frage welche Faktoren die Ausbildung der jeweiligen Moral begünstigen.

2.4 Zusammenfassung des vierten Kapitels: Zur Philosophie der Erziehung

In dem vierten Kapitel der Einführung behandelt Detlef Garz Kohlbergs Erziehungsziele und deren Theoretische Begründung. Weiter geht er auf die gesellschaftliche Verwobenheit von Erziehungszielen und die Förderung der Moralentwicklung ein.

Kohlberg und seine Mitarbeiter haben, um die These der Entwicklung als Ziel der Pädagogik vertreten zu können, ihren Ansatz innerhalb eines Aufsatzes mit anderen pädagogischen Konzepten verglichen. Ausgangspunkt ihrer Überlegungen ist die folgende These: *Die wichtigste Thematik, mit der sich Pädagogen und Erziehungstheoretiker auseinandersetzen müssen, besteht in der Auswahl von zielen für den pädagogischen Prozeß. Ohne klare und vernünftige Ziele wird es unmöglich zu entscheiden, welche pädagogischen Programme Ziele von allgemeiner Bedeutung erreichen und welche beiläufige Fakten und Einstellungen mit dubiosen wert vermitteln* (Garz 1996, S. 109). Innerhalb ihrer Argumentation spielen Kohlberg und seine Kollegen die Leistungen der unterschiedlichen Ansätze auf vier verschiedenen Ebenen durch. Diese Ebenen sind:

- die Ebene der pädagogischen Ideologie,
- die Ebene der psychologischen Theorien,
- die Ebene der epistemologischen Theorien und
- die moralischen Positionen.

Detlef Garz nennt drei große Richtungen im westlichen Denken über Erziehung, die von Kohlberg unterschieden wurden. Es sind dies:

- die romantische Theorie, die von Rousseau über Freud geht, und die *organische Entfaltung eines eingeborenen Musters* (Garz 1996, S. 110) unterstellt,
- die Theorie der Kulturübertragung, die die pädagogische Weitergabe von Informationen und Regeln zur Änderung des Verhaltens im Sinne des Behaviorismus (Strafe oder Belohnung) betreibt und
- die progressive Theorie, die auf der Förderung der Interaktion zwischen Individuum und Gesellschaft beruht. Garz zitiert Kohlberg, um diese Theorie näher zu beschreiben: *Die organisierende und sich ausbildende Kraft in der kindlichen Erfahrung ist das aktive Denken des Kindes, und das Denken wird durch die Problematik, durch den kognitiven Konflikt, stimuliert(...). (Dazu) bedarf es einer pädagogischen Umwelt, die die Entwick-*

15

*lung aktiv durch die Bereitstellung von lösbaren, aber echten Problemen oder Konflikten si-
muliert* (Garz 1996, S.111).

Als Ergebnis dieses Vergleiches der drei pädagogischen Theorien, behauptet Kohlberg, dass
eben nur der kognitiv-moralische Ansatz dieser Prüfung standgehalten hat, und er begründet
diese These wie folgt: *Das herausragende Merkmal des entwicklungsphilosophischen Ansatzes besteht darin, dass eine philosophische Konzeption von adäquaten Prinzipien mit einer
psychologischen Theorie der Entwicklung sowie den Tatsachen der Entwicklung koordiniert
wird* (Garz 1996, S. 115).

Lawrence Kohlberg hat kurz nach der Ermordung von Dr. Martin Luther King in einem Vo r-
trag in Harvard dargelegt, welches Ziel seiner Auffassung nach, Erziehung haben soll. Garz
macht deutlich, das Kohlberg sich auf Platon und Sokrates bezieht und für die moralische
Erziehung eine eindeutige Zielvorgabe formuliert: *Den Erwerb der einen und höchsten Ebene
der Gerechtigkeit* (Garz 1996, S 120). Als Beleg dafür bringt der Autor zwei Texte von Sokrates und Dr. Martin Luther King an, die diese Zielvorgaben nach Meinung von Kohlberg
vorgelebt haben. Kohlberg folgert aus diesen beiden Biographien, dass diejenigen die moralische Prinzipien repräsentieren der Gesellschaft einen Spiegel vorhalten und zeigen, was sein
sollte und was sein könnte wenn alle der idealen Form der Gerechtigkeit folgen würden. Als
Konsequenz daraus hat Kohlberg zunächst eine Erziehung hin zur sechsten Stufe gefordert.
Diese Stufe ist aber nur als Ideal zu verstehen, so dass das Urteilen und Handeln gemäß Stufe
fünf als Erziehungsziel realistischer ist. Ernüchtert durch den „Watergate-Skandal" und das
Handeln von Richard Nixon, sowie den aufstrebenden Trend zur Ellenbogen-Gesellschaft in
den späten 70 er Jahren ließen Kohlberg seine Erziehungsziele erneut überdenken, und er ge-
lang nicht zuletzt durch seine Forschungsarbeit in den Just-Community-Schools zu der Auffassung, das ein Neuformulierung der Erziehungsziele notwendig sei. So war nicht mehr der
Übergang zur postkonventionellen Ebene das Ziel, sondern vielmehr eine solide Verank erung
der Jugendlichen auf der konventionellen Ebene der Stufe 4.

Im Zusammenhang mit der Förderung der moralischen Entwicklung weist Garz in seinem
Buch darauf hin, dass Kohlberg in einer Vorlesung zu Spinoza sein Verständnis der pädagogisch motivierten Weitergabe von Moral dargelegt hat. Dabei werden zwei Alternativen unterschieden: Wissen kann benutzt werden, um Menschen zu manipulieren und Wissen kann
dazu genutzt werden, um Einsicht und Verständnis zu vermitteln. In Anlehnung an die zweite

Möglichkeit der Anwendung von Wissen benennt Kohlberg die Aufgabe der Lehrer bei der Vermittlung von Wissen. Sie sollen den *kognitiven Sturm und Drang* (Garz 1996, S. 129) initiieren und im *sokratisch-mäeutischen Stil* (Garz 1996, S. 129) mit den Schülern diskutieren. Diese Entwicklung wird als stellvertretende Erfahrung bezeichnet, und ihr sollte dann die personale oder Lebenserfahrung im Erwachsenenalter folgen.

Lawrence Kohlberg hat unter anderem versucht sein Konzept der moralischen Erziehung in Schulen und Gefängnissen zu verifizieren und die Ergebnisse sind von seinem Mitarbeiter Moshe Blatt dokumentiert worden, und sie führten zu Erweiterungen im Erziehungsprogramm von Kohlberg.

Inhaltlich ist die Idee einer gerechten Gesellschaft durch die folgenden Merkmale charakterisiert:

- Etablierung einer Gesellschaft, die auf Demokratie und Fairness beruht,
- Ausweitung von Verantwortung auf alle Beteiligten,
- Ermutigung zur kollektiven Verantwortung,
- Errichtung eines Klimas des Vertauens,
- Schaffung eines Sozialvertrages und einer Verfassung,
- Anhebung der moralischen Ebene der Gruppe als Gruppe,
- Stimulierung individueller moralischer Entscheidungen und Handlungen,
- Gemeinsames Aufrechterhalten der Prinzipien und der Theorie des Ansatzes der moralischen Entwicklung durch alle Beteiligten,
- Aufrechterhalten der Autorität des Personals durch die Fähigkeit, bei Konflikten zu vermitteln und die Konflikte fair zu lösen.

Garz stellt fest, das Kohlberg mit dieser Formulierung seiner Idee einer gerechten Gesellschaft an das alte pädagogische Paradox stößt: *an die Frage, wie wir fremdbestimmend zur Selbstbestimmung erziehen können, an die Frage: Dürfen wir zur Freiheit erziehen?* (Garz 1996, S. 140). Kohlberg sieht diese Paradox gelöst, wenn es gelingt, durch *das Ausbalancieren von Gerechtigkeit und Gemeinschaft einen Ausweg aus der Falle, wie wir moralische Werte unterrichten können, ohne sie den Kindern überzustülpen* (Garz 1996, S. 140). Zusammenfassend vertritt Detlef Garz die Meinung, das Lawrence Kohlberg mit der Formulierung der Idee einer gerechten Gesellschaft ein erzieherisches Maximalmodell definiert hat, das ihn in die Reihe der Pädagogischen Denker einreiht, die auch praktisch wirken wollten.

3. Schlussbetrachtung

Am Ende dieser Ausarbeitung kann ich für mich feststellen, dass die intensive Auseinandersetzung mit dem Leben und dem Werk von Lawrence Kohlberg, so wie Detlef Garz es dargestellt, mir tiefe Einblicke in die Welt der Psychologie, Pädagogik und Philosophie gebracht hat. Es hat mich fasziniert zu lesen, wie Kohlberg, geprägt von seinen Eindrücken des zerstörten Nachkriegseuropa, sein Leben dazu verwendet hat, eine Idee von einer gerechten Welt zu entwerfen und dies pädagogisch umzusetzen. Ausgehend von einer breiten philosophischen Bildung und unter Verwendung fast aller geisteswissenschaftlichen Fächer ist es ihm gelungen ein komplexes Modell der Moralentwicklung zu formulieren und in praktische pädagogische Konzepte umzusetzen. Dabei ist besonders hervorzuheben, dass er seine theoretischen Konzepte fortlaufend nachgefragt und modifiziert hat, und so gesellschaftlich orientiert geblieben ist. Es ist klar, das man mit einem kurzen Einführungsband nicht komplett das Schaffen von Lawrence Kohlberg beschreiben kann, aber ich bin der Meinung, dass es durch die Verwendung einer großen Anzahl von Originalzitaten und der anschaulichen und präzisen Darstellung des theoretischen Hintergrundes Detlef Garz sehr gut gelungen ist, Lawrence Kohlberg und seine Arbeit mehr als nur einführend darzustellen.

Die Beschäftigung mit der Arbeit von Lawrence Kohlberg vermittelt einen guten Einblick in philosophische und psychologische Fragestellungen und macht Lust auf ein weiteres Eindringen in die Themenvielfalt der Philosophie, Psychologie und Pädagogik.